PÉTITION

ADRESSÉE

A Monsieur le Ministre des Finances

PAR LES

DISTILLATEURS DE MÉLASSES

POUR OBTENIR UNE

MODIFICATION A L'ARTICLE 9

DU DÉCRET DU 31 JUILLET 1884

—⚬—

SAINT-QUENTIN

Imprimerie Ch. POETTE, rue Croix-Belle-Porte, 21

—

1884

PÉTITION

ADRESSÉE

A Monsieur le Ministre des Finances

PAR LES

DISTILLATEURS DE MÉLASSES

POUR OBTENIR UNE

MODIFICATION A L'ARTICLE 9

DU DÉCRET DU 31 JUILLET 1884

———

SAINT-QUENTIN

Imprimerie Ch. POETTE, rue Croix-Belle-Porte, 21

—

1884

PÉTITION

Adressée à Monsieur le Ministre des Finances

PAR LES DISTILLATEURS DE MÉLASSES

POUR OBTENIR UNE MODIFICATION A L'ARTICLE 9

DU DÉCRET DU 31 JUILLET 1884

Paris, 14 octobre 1884.

Monsieur le Ministre,

L'article 9 du décret du 31 juillet 1884, complémentaire de la loi sur les sucres promulguée le 29 du même mois, contient un *paragraphe 4* ainsi conçu :

« Toutefois les mélasses expédiées soit sur une distillerie, » soit à l'étranger, *ne donnent lieu à aucune décharge.* »

Le Comité des Distillateurs de Mélasses français, constitué par assemblée générale du 2 octobre 1884, a l'honneur de solliciter de votre bienveillance un nouveau décret modifiant ce paragraphe comme suit :

« Les mélasses livrées à la consommation par les fabriques » abonnées ne donnent lieu à aucune décharge. Celles expé-» diées à l'étranger ou en distillerie donnent lieu à la » décharge de la moitié du poids du sucre qu'elles contien-» nent suivant leur titrage saccharimétrique. »

Permettez-nous, M. le Ministre, de vous indiquer le but et les avantages de cette modification et tout d'abord de vous exposer la question qu'elle est appelée à résoudre dans un sens contraire à celui du décret du 31 juillet dernier, c'est-à-dire la question de la vie ou de la mort de notre industrie.

EXPOSÉ

Lorsque la sucrerie française, écrasée par la concurrence de la sucrerie allemande, a demandé au Gouvernement l'impôt sur la betterave, source de la prospérité de sa rivale, nous avons aussitôt compris que ce mode d'impôt amènerait forcément la disparition de notre industrie dans un très-bref délai.

En effet, la sucrerie demandait que la nouvelle législation fût appliquée en France absolument de la même façon qu'en Allemagne, c'est-à-dire que *l'exercice* de l'Etat fût *réduit* au simple pesage des betteraves mises en œuvre, les fabricants devenant libres de disposer, sans aucun contrôle ultérieur, de tous les produits qu'ils obtiendraient.

Dans ces conditions, la sucrerie se serait vue obligée d'extraire le sucre contenu dans ses mélasses pour le vendre à la consommation et profiter du droit dont ce sucre se trouvait libéré pour elle. Par conséquent, ces mélasses ne pouvaient plus venir alimenter notre industrie, la distillerie, et servir à la production de l'alcool.

On nous disait bien que, malgré une application déjà très-ancienne en Allemagne de l'impôt sur la betterave, la moitié environ des mélasses produites par la sucrerie allait encore en distillerie. Mais en admettant même que cette assertion soit fondée et que la quantité de mélasses laissée en Allemagne à la distillerie ne soit pas, comme nous le croyons, très-exagérée, on oubliait de considérer d'une part que les procédés d'extraction industriellement avantageux du sucre des mélasses n'ont été découverts ou appliqués en Allemagne que depuis un nombre assez restreint d'années et d'autre part que la prime résultant, pour le sucre extrait, de l'exonération du droit dans ce pays n'est que de 22 fr. 50 par 100 kilos, tandis que la sucrerie française allait pouvoir appliquer immédiatement au travail des mélasses les procédés les plus perfectionnés aujourd'hui connus et recevoir sur les sucres extraits la prime énorme de 50 francs par 100 kilos de sucre raffiné, importance du droit de consommation abandonné par l'Etat.

Il était donc évident pour nous qu'avec ces différences de conditions, l'extraction du sucre des mélasses devait se faire en France beaucoup plus complètement qu'en Allemagne, et que notre matière première devait très-rapidement nous échapper tout-à-fait.

Après de fort longs débats, le Gouvernement et les Chambres firent droit à la demande de la sucrerie en se basant sur les intérêts supérieurs de l'agriculture, étroitement liés aux siens. La loi du 29 juillet 1884, établissant en France l'impôt sur la betterave, fut votée ; mais elle resta muette sur le maintien ou la suppression de *l'exercice* des sucreries après le pesage des betteraves mises en œuvre.

C'est seulement le décret du 31 juillet qui décida le maintien de *l'exercice complet* et prescrivit la tenue dans les fabriques d'un compte de charges et de décharges, même pour les excédants indemnes d'impôt.

Suivant ce décret, tous les sucres sortant des usines, sucres raffinés, poudres blanches, sucres bruts de n'importe quel titrage, donnent lieu à la décharge du poids de sucre raffiné qu'ils contiennent.

Mais le paragraphe 4 de l'article 9 *refuse toute décharge à la mélasse*, si elle est expédiée en *distillerie* ou à l'étranger.

Pourquoi cette exception ? Pourquoi les produits sucrés solides, si impurs qu'ils soient, donnent-ils seuls lieu à décharge ? Pourquoi exclure la mélasse, produit sucré fluide, de cette restitution simplement équitable des droits du sucre qu'elle renferme et dont le fabricant a été débité sur le poids de la betterave ?

Pourquoi la nouvelle législation serait-elle sur ce point moins libérale que la précédente qui accordait décharge aux fabricants de 5 kilos de sucre par 100 kilos de mélasse expédiés en distillerie, alors qu'il n'existait pour ainsi dire pas de procédé pratique d'extraction de ce sucre ?

C'est contre cette exception injustifiable, qui consomme inutilement notre ruine, que nous protestons aujourd'hui. C'est ce paragraphe 4 dont nous demandons la modification.

Avec la loi demandée par la sucrerie, avec l'impôt sur la betterave appliquée comme en Allemagne, avec *l'exercice réduit* au pesage des betteraves, la disparition de notre industrie eut été inévitable et nous n'aurions pu qu'en accepter le sacrifice. Mais avec le maintien de *l'exercice complet* des sucreries, nous allons établir qu'une simple modification au décret du 31 juillet 1884 peut empêcher bien facilement cette disparition et servir en même temps tous les autres intérêts engagés dans la question.

But de la Modification demandée.

Le but de cette modification est de permettre à la sucrerie de nous vendre et de nous livrer ses mélasses comme elle l'a fait jusqu'ici et de ne pas la contraindre à en extraire le sucre.

En effet, après avoir été débité sur son compte de prise en charge des droits de 6 kilos de sucre raffiné par 100 kilos de betteraves travaillées, le fabricant est crédité successivement des droits des sucres de toute nature expédiés par lui.

Supposons que le total de son crédit représente les droits de 5 k. 100 de sucre raffiné par 100 kilos de betteraves. Quelle est alors sa situation ?

D'une part, il doit encore au Trésor les droits de 0 k. 900 de sucre raffiné par 100 kilos de betteraves. Mais d'autre part, il lui reste dans son usine environ 4 kilos de mélasse par 100 kilos de betteraves, mélasse contenant à peu près 45 0/0 de son poids en sucre raffiné, soit 1 k. 800.

C'est alors que l'Etat vient lui dire par l'article 9 du décret dont nous nous occupons :

Si vous expédiez votre mélasse à l'étranger ou en *distillerie*, je ne vous donnerai *aucune décharge* de droits sur le sucre qu'elle contient.

Mais si vous extrayez ce sucre, je vous créditerai d'abord à sa sortie de la quotité nécessaire pour balancer le débit de votre compte de prise en charge, et si vous obtenez un excédant, vous pourrez le livrer à la consommation sans m'en payer les droits c'est-à-dire avec un bénéfice pour vous de 50 fr. par 100 kilos de sucre raffiné !

Le fabricant se trouve donc forcé d'extraire le sucre de ses mélasses. C'est une *obligation absolue* que lui impose le décret du 31 juillet 1884.

Si au contraire ce décret lui donnait décharge du sucre contenu dans ses mélasses expédiées à l'étranger ou en distillerie, cette obligation disparaîtrait aussitôt. Il n'aurait pas plus d'intérêt à extraire ce sucre qu'à ne pas l'extraire. Il pourrait, sans préjudice pour lui, exporter ses mélasses ou nous les vendre comme précédemment pour être transformées dans nos distilleries en alcool.

Notre industrie continuerait donc à vivre tandis que le décret que nous critiquons la condamne à mort. C'est vous faire comprendre assez, M. le Ministre, la gravité de notre demande et notre anxiété sur son résultat.

Mais comme nous le disions plus haut, notre intérêt particulier n'est pas le seul qui milite en faveur de notre proposition. Tous les autres intérêts engagés dans la question, c'est-à-dire :

I. L'intérêt industriel du pays ;

II. L'intérêt du Trésor ;

III. L'intérêt de la sucrerie et de l'agriculture y trouveraient satisfaction, et il nous est facile de le prouver d'une façon indiscutable.

I

Intérêt du pays

Le décret du 31 juillet a compris que la distillerie de mélasse était condamnée à disparaître par la rédaction de son article 9 et il a prévu la création d'une autre industrie appelée à la remplacer, la sucrerie de mélasse ou sucraterie.

Quel intérêt aurait donc la France à cette substitution?

Quoi ! Nous possédons une belle industrie, saine et forte, créée depuis longtemps, représentant comme valeur de ses usines et de leur matériel un capital d'au moins vingt millions de francs, ne demandant à l'Etat aucun secours pour lutter contre la concurrence étrangère, lui réclamant seulement le droit de continuer à vivre et à lui payer d'énormes impôts, et nous la détruirions bénévolement pour édifier sur ses ruines une nouvelle industrie toute factice, nous offrant quel avantage ? L'avantage de nécessiter une dépense considérable de création, de donner un produit coûtant plus cher qu'il ne vaut, d'exiger par suite de l'Etat pour pouvoir exister une subvention, une prime supérieure à la valeur de ce produit, et d'être enfin destinée elle-même à une ruine inévitable le jour peut-être prochain où les pays producteurs de sucre devront renoncer à leur guerre de primes !

Est-ce là un progrès ? Y a-t-il utilité ou profit pour qui que ce soit dans le bouleversement voulu par le décret ?

Nous n'insistons pas sur ce point. L'intérêt industriel de la France est évidemment conforme à notre proposition.

II

Intérêt du Trésor

La sucrerie et la sucraterie arriveront certainement à extraire 35 kilos de sucre d'une mélasse en contenant 45. Le Trésor perdra donc les droits de ces 35 kilos, soit à 50 fr. pour 100 kilos, *17 fr. 50.*

Si nous demandions pour le fabricant crédit des droits des 45 kilos de sucre contenus dans sa mélasse, cette perte serait de 22 fr. 50 et l'Etat serait fondé à ne pas l'accepter, car il pourrait soutenir avec raison qu'on ne peut arriver à une extraction complète de ces 45 kilos.

Aussi demandons-nous seulement que le fabricant soit crédité des droits de la moitié du sucre indiqué par l'analyse, soit, si cette moitié est de 22 kilos 500, de *11 fr. 25.*

Economie pour le Trésor : *6 fr. 25* par 100 kilos de mélasse, représentant sur les 250 millions de kilos produits en France, *15 millions de francs !*

C'est un bénéfice que la sucrerie abandonnera volontiers au Trésor, car elle ne pourrait l'obtenir pour elle-même qu'au prix d'un travail assez difficile et d'une grosse dépense d'installation d'environ 20 millions de francs que sa situation critique actuelle lui permettrait de faire bien difficilement et sur laquelle environ 8 millions seraient payés à l'Allemagne pour droits de brevets. Mais il justifie à lui seul notre demande, car il répond aux prescriptions de l'article 3 de la loi du 29 juillet 1884, article en désaccord, suivant nous, avec le décret du 31 et ainsi conçu :

« Un décret déterminera les obligations qui seront impo-
» sées aux fabricants abonnés *pour la garantie des intérêts*
» *du Trésor.* »

Serait-ce garantir les intérêts du Trésor que de maintenir pour les fabricants *l'obligation*, résultant du décret du

31 juillet, d'introduire dans la consommation 35 kilos de sucre indemnes de droit, lui faisant perdre 17 fr. 50, au lieu de leur tenir compte de ce droit sur 22 kilos 500 seulement, soit 11 fr. 25 ?

———

III

Intérêt de la sucrerie et de l'agriculture

La sucrerie, contre laquelle nous luttions la veille de la confection de la nouvelle loi sur les sucres, est devenue notre alliée, le jour où le décret complémentaire de cette loi a été rendu, pour réclamer avec nous la modification de son article 9.

Cet article a en effet pour elle trois inconvénients très-graves :

1º Il l'oblige à faire une installation très-coûteuse et un travail compliqué pour extraire le sucre des mélasses ;

2º En arrachant aux distillateurs de mélasse leur matière première, il force ces industriels à transformer leur outillage pour produire de l'alcool avec une autre matière première, la betterave, sur la qualité de laquelle ils peuvent être moins exigeants que la sucrerie.

De sorte que la loi et le décret, promulgués à deux jours d'intervalle, se contredisent et tendent à des résultats diamétralement opposés :

La loi du 29 juillet 1884 a voulu obliger les cultivateurs français à faire de la bonne betterave. Le décret du 31 leur permet d'en faire encore de la mauvaise, qu'ils vendront aux distillateurs de mélasses, devenus, au prix de grands sacrifices de transformation, distillateurs de betteraves.

Le fabricant de sucre, auquel la loi assurait le 29 juillet une betterave riche, trouve le lendemain un concurrent, acheteur de betterave pauvre, suscité par un décret complémentaire de cette loi !

3º La France produisant 250 millions de kilos de mélasse, le décret force la sucrerie ou la sucraterie à en extraire, à raison de 35 0/0, 87 *millions de kilos de sucre !*

C'est au moment où la sucrerie se débat contre une production énorme de l'étranger, contre un écrasement inouï des cours, qu'on l'obligerait à jeter sur le marché un excédant de 87 millions de kilos de sucres produits artificiellement, coûtant beaucoup plus cher que les sucres extraits de la betterave, mais spécialement subventionnés par le Trésor pour venir contribuer encore à l'avilissement des prix !

Et cet avilissement se répercuterait sur le prix de la betterave, au grand détriment de l'agriculture française, déjà si éprouvée.

Combien celle-ci aurait-elle intérêt à produire elle-même cet excédant de sucre par la culture de 40.000 hectares de terre lui donnant 1 milliard 1/2 de kilos de betteraves et 300 millions de kilos de pulpes !

C'est, M. le Ministre, avec une foi profonde dans la justice de notre demande, que nous faisons appel à votre patriotisme, et que nous vous supplions d'apporter au décret du 31 juillet 1884, pendant qu'il en est encore temps, pendant que les capitaux ne se sont pas encore fourvoyés dans la création des sucrateries, une modification aussi impérieusement réclamée par les intérêts généraux du pays que par ceux du Trésor qui vous sont spécialement confiés.

Nous avons l'honneur d'être, M. le Ministre, avec le plus profond respect, vos très-humbles et très-obéissants serviteurs.

Le Comité des Distillateurs de Mélasses de France :

LE PRÉSIDENT,
Comte DE BEAUREPAIRE.

LE VICE-PRÉSIDENT,
ANDRÉ BERNARD.

LE SECRÉTAIRE,
H. FAUVEAU.

OBJECTIONS FAITES A LA MODIFICATION DEMANDÉE

I

En créditant le fabricant de sucre de la moitié du sucre contenu dans ses mélasses, on diminue en réalité sa prise en charge et l'on augmente les excédents de sucre qu'il peut livrer à la consommation indemnes de droits au détriment du Trésor.

Réponse

C'est l'inverse qui est vrai. On *diminue* par là les *excédents* de sucre livrés à la consommation indemnes de droit et le Trésor *gagne* la différence.

1er EXEMPLE DE DÉMONSTRATION

Un fabricant, travaillant par diffusion, a été débité sur 100 kilos de betteraves des droits de 6 kilos de sucre raffiné.

Il a expédié 5 kilos 100 de sucres de toute nature, ramenés en raffiné par le calcul de leur titrage.

Il reste donc débiteur des droits de 0 k. 900 de sucre raffiné.

Mais il a en citerne 4 kilos de mélasse contenant 45 0/0 de leur poids de sucre raffiné, soit 1 kilo 800 par 100 kilos de betteraves.

Le décret du 31 juillet 1884 oblige ce fabricant à extraire 35 0/0 de sucre raffiné sur les 45 contenus dans sa mélasse, soit $4 \times 0.35 = 1$ kilo 400 par 100 kilos de betteraves. Sur ces 1 kilo 400, 0 kilo 900 équilibreront la prise en charge et 0 kilo 500 seront livrés à la consommation indemnes de droit en causant au Trésor un préjudice, à raison de 50 fr. pour 100 kilos, de 0 f. 25 par 100 kilos de betteraves travaillées.

Soit sur les 6 milliards de kilos de betteraves produits en France une perte pour le Trésor de 15 millions de francs !

Suivant la demande des Distillateurs de Mélasse, au contraire, le fabricant ne sera plus forcé de travailler ses 4 kilos de mélasse. Il les expédiera en distillerie. Son compte de prise en charge sera crédité de la moitié des 4 × 0.45 = 1 kilo 800 de sucre raffiné qu'ils contiennent, soit 0 k. 900. Sa prise en charge sera donc simplement équilibrée et il ne pourra verser dans la consommation au détriment du Trésor *aucun excédent indemne de droit*.

Bénéfice pour le Trésor à adopter ce second système au lieu du premier : *15 millions de francs !*

2ᵉ EXEMPLE DE DÉMONSTRATION

Un fabricant, travaillant par diffusion, a été débité sur 100 kilos de betteraves des droits de 6 kilos de sucre raffiné.

Il a expédié en tous sucres, calculés en raffiné, 6 kilos.

Sa prise en charge se trouve donc alignée.

Mais il lui reste en citerne 4 kilos de mélasse contenant 45 0/0 de leur poids de sucre raffiné, soit 4 × 0.45 = 1 k. 800 de sucre raffiné par 100 kilos de betteraves.

Le décret l'oblige à en extraire 35 0/0, soit 4 × 0.35 = 1 kilo 400 de sucre qui entreront dans la consommation indemnes de droits. Perte pour le Trésor, à raison de 50 fr. pour 100 kilos, 0 f. 70 par 100 kilos de betteraves, soit sur 6 milliards de kilos de betteraves *42 millions de francs.*

La proposition des Distillateurs de Mélasse consiste à créditer le fabricant de la moitié des 1 kilo 800 de sucre raffiné contenus dans 4 kilos de mélasse, soit 0 k. 900. Il pourra donc verser dans la consommation 0 k. 900 de sucre, portant préjudice au Trésor de 0 f. 45 par 100 kilos de betteraves, soit sur 6 milliards de kilos de betteraves, *27 millions de francs.*

Différence au profit du Trésor, *15 millions de francs !*

RÉSUMÉ

En résumé, quelle que soit la situation du compte de prise en charge des fabricants, l'Etat gagnera toujours la différence entre les droits dont la proposition en question lui demande crédit et ceux *plus importants* qu'il perdrait sur les sucres extraits des mélasses et introduits dans la consommation.

Les 240 millions de kilos de mélasse produits en France contiennent à raison de 45 p. 0/0, 108 millions de kilos de sucre.

Le Comité des Distillateurs demande que la sucrerie soit créditée de la moitié de ce poids, soit 54 millions, représentant à 50 fr. pour 100 kilos, 27 millions de francs et qu'elle ne soit pas obligée d'en extraire ou d'en faire extraire en sucraterie à raison de 35 0/0, 84 millions de kilos de sucre, faisant perdre au Trésor, à raison de 50 fr. pour 100 kilos, 42 millions de francs.

Cette proposition, loin de *coûter* au Trésor, lui ferait donc *gagner* 15 millions.

II

La demande du Comité des Distillateurs est contraire au principe de la loi qui veut que par l'abonnement les droits de 6 kilos de sucre soient assurés à forfait au Trésor par 100 kilos de betteraves travaillées.

Le fabricant est déchargé des sucres expédiés par lui en entrepôt ou en sucraterie parce qu'ils donneront lieu ultérieurement au paiement du droit soit par la raffinerie soit par la sucraterie. Mais il ne peut être déchargé du sucre contenu dans la mélasse expédiée en distillerie, puisque ce sucre ne donnera pas lieu à la perception du droit établi, voulu par la loi sur tout produit sucré.

Réponse

Cette objection n'est pas fondée. Elle ne repose que sur une fausse interprétation du principe de la loi.

La loi n'a jamais établi en France un droit sur le sucre *produit* par les fabriques.

La loi a toujours établi un droit sur le sucre *consommé* en France.

L'impôt sur le sucre est essentiellement un impôt de *consommation* et le système nouveau de l'abonnement n'a rien changé à son essence.

Aujourd'hui comme hier, si un fabricant expédie à l'étranger le sucre qu'il a produit, il ne doit rien à l'Etat. Et comment pourrait-il en être autrement ? Comment l'Etat pourrait-il percevoir un impôt de *consommation* sur un sucre *non consommé* en France ?

Par conséquent, l'Etat crédite, sous la loi nouvelle, le fabricant abonné, des droits sur :

1° Ses sucres expédiés à la raffinerie, parce que celle-ci paiera ses droits ;

2° Ses sucres exportés, parce qu'ils ne sont pas consommés en France et ne doivent donc aucun droit de consommation ;

3° Ses mélasses expédiées à la sucraterie, parce que celle-ci paiera les droits sur le sucre qu'elles contiennent, pour la même quotité que celle portée au crédit du fabricant expéditeur.

Pourquoi refuserait-il de le créditer aussi du sucre contenu dans ses mélasses *exportées* ou *distillées ?* Ce sucre n'est pourtant pas *consommé* en France ; il est, ou *sorti* de France et alors il est inique de lui faire supporter un droit de *consommation*, ou *détruit* en distillerie et alors il donne naissance à un nouveau produit, l'alcool, qui paiera, lui, son droit de consommation. Pourquoi, dans ce dernier cas, un même produit doit-il payer deux fois un droit de consommation, d'abord comme sucre, ensuite comme alcool ? Il n'est pourtant pas deux fois consommé !

La législation antérieure admettait d'ailleurs le *principe* que nous défendons. Lorsqu'un fabricant expédiait 100 kilos de mélasse en distillerie, elle le créditait de 5 kilos de sucre estimés contenus dans cette mélasse et *non consommés*.

La demande des Distillateurs n'a rien de contraire à la nouvelle loi, qui rappelle dans son article 1er, que l'impôt n'est dû que sur les sucres *livrés à la consommation*. C'est le décret du 31 juillet qui viole cette loi en refusant décharge, par son article 9, au sucre contenu dans les mélasses exportées ou distillées, puisque ce sucre est sorti de France ou détruit en distillerie, mais *non consommé*.

Ce qu'un décret a eu le tort de faire, un autre *décret* suffit à le rectifier.

La loi du 29 juillet a dit qu'il serait perçu en France un impôt sur le sucre *consommé*. IL N'EST NUL BESOIN QU'UNE AUTRE LOI vienne expliquer que cet impôt n'est pas dû sur le sucre *exporté* ou *détruit en distillerie !*

III

Si, pour calculer la quantité de sucre raffiné contenu dans la mélasse, on prenait les bases de la loi du 19 juillet 1880, cette quantité serait à peu près nulle et le fabricant n'aurait pas d'intérêt à en être crédité.

Réponse

Les bases de calcul de la loi du 19 juillet 1880 s'appliquent au titrage des sucres et non de la mélasse. Pour établir le rendement présumé de celle-ci en sucre raffiné, le coefficient 4 appliqué à ses cendres serait évidemment faux.

Jusqu'ici le fabricant a été crédité de *5 kilos* de sucre raffiné par 100 kilos de mélasse expédiés en distillerie.

L'article 1er de la loi du 29 juillet 1884 estime à *30 kilos* la quantité de sucre raffiné contenu dans une mélasse ayant un titrage saccharimétrique inférieur à 50 0/0 et fixe en conséquence à *15 francs* son droit de consommation.

L'article 9 du décret du 31 juillet, tout en laissant les fabricants abonnés libres de déclarer leur mélasse expédiée en sucraterie pour le chiffre réel de sucre qu'elle y pourra produire, n'admet pas que ce chiffre puisse être inférieur à *15 kilos*.

En demandant crédit pour le fabricant de la *moitié* du sucre contenu dans la mélasse qu'il envoie en distillerie, soit (en prenant pour base le titrage saccharimétrique) environ *22 k. 500,* nous croyons être dans l'équité.

Saint-Quentin, 17 octobre 1884.

H. FAUVEAU,

Secrétaire du Comité des Distillateurs de Mélasse.

Saint-Quentin. --- Imp. Ch. Poëtte.